Sant'Ana

Novena e história

Maria Belém, fsp

Sant'Ana
Novena e história

Citações bíblicas: *Bíblia Sagrada* – tradução da CNBB, 2ª ed., 2002.

Editora responsável: *Celina Weschenfelder*
Equipe editorial

3ª edição – 2010
7ª reimpressão – 2024

Cadastre-se e receba nossas informações
paulinas.com.br
Telemarketing e SAC: 0800-7010081

Paulinas

Rua Dona Inácia Uchoa, 62
04110-020 – São Paulo – SP (Brasil)
(11) 2125-3500
editora@paulinas.com.br

Introdução

Os pais de Maria Santíssima foram Joaquim e Ana. Aos 20 anos de idade, Joaquim, descendente da tribo de Judá, casou-se com Ana, também dessa tribo. Vinte anos se passaram desse feliz casamento, sem que um filho ou filha viesse ao mundo, o que causava muita tristeza no coração deles. Joaquim, homem rico e piedoso, passava seus dias dando esmolas a órfãos, pobres, viúvas e estrangeiros. Certa vez, quando foi ao templo fazer sua oferta de expiação, o sacerdote Rúben não permitiu que ele a entregasse, pois não era uma pessoa abençoada, isto é, não havia dado a Israel um descendente. Conta uma tradição que tamanha foi sua tristeza que fugiu para a montanha, ficando aí por longo tempo, em oração e jejum. Ana também implorava ardentemente que o Senhor ouvisse suas súplicas e lhe concedesse um filho. Deus ouviu a prece de ambos e enviou um anjo para anunciar-lhe: "Ana, Ana, o Senhor Deus atendeu a tuas preces. Conceberás e darás à luz e, em toda a terra, se falará de tua descendência". Joaquim recebeu mensagem semelhante e voltou radiante para casa. E Ana concebeu e deu à luz uma menina, a quem pôs o nome de Maria e a consagrou por toda a sua vida a Deus.

O nascimento de Maria Santíssima – como o de Jesus e de são João Batista – foi anunciado com grande ênfase e aconteceu de maneira milagrosa, diríamos, visto que nele apareceram a graça, o amor e a misericórdia de Deus agindo em favor de seus filhos.

Nesta novena de sant'Ana e são Joaquim, vamos sentir a cada passo o poder de Deus se manifestando entre seus filhos. Que nossos corações estejam abertos para recebermos as abundantes bênçãos que o Senhor quer também nos dar por intercessão dos santos, seus amigos e nossos protetores.

PRIMEIRO DIA

A mãe da Mãe de Jesus

Em nome do Pai, do Filho e do Espírito Santo. Amém.

Oração

Ó gloriosa sant'Ana, mãe da Mãe de Jesus, nós vos louvamos e pedimos que nos alcanceis um grande amor por Jesus e por Maria, para que, trilhando o caminho das virtudes, possamos agradar-lhes em tudo e contribuir para a construção de seu Reino neste mundo. Amém.

História

De acordo com os Padres da Igreja, santo Epifânio e são João Damasceno, Ana significa "graça e misericórdia", nome bem apropriado a ela, que foi a mãe da Virgem Maria, chamada também Senhora das graças e da misericórdia. Ana, como Maria, foi enriquecida de graças e misericórdia porque o Senhor a presenteou com uma filha privilegiada, aquela que, dando seu "sim" a Deus, tornou-se a Mãe do Salvador. Na Bíblia, encontramos três mulheres com o nome de Ana: a mãe do profeta Samuel, a mulher de Raguel, parente de Tobias, e a profetisa Ana, que foi ao encontro de Jesus no dia de sua apresentação no Templo.

Reflexão

"O Senhor falou a Moisés, referindo-se a Beseleel: 'Enchi-o do espírito de Deus: sabedoria, habilidade e conhecimento para qualquer trabalho [...]'" (Ex 31,1-3). Sant'Ana foi também escolhida e agraciada com dons particulares para ser a mãe da Virgem Santíssima e avó de Jesus, nosso

Salvador. Com muito acerto, seu nome quer dizer "graça e misericórdia".

Reflexões pessoais

Oração final

Senhor Deus Pai, nós nos alegramos lembrando-nos de sant'Ana, que foi escolhida para dar ao mundo a Mãe do vosso Filho Unigênito. Concedei-nos, por vossa bondade, que sejamos auxiliados em nossas necessidades materiais e espirituais. *(Pede-se aqui a graça desejada.)* Amém.

Pai-Nosso, Ave-Maria e Glória-ao-Pai...

SEGUNDO DIA

A família de sant'Ana

Em nome do Pai, do Filho e do Espírito Santo. Amém.

Oração

Ó gloriosa sant'Ana, mãe da Mãe de Jesus, nós vos louvamos e pedimos que nos alcanceis um grande amor por Jesus e por Maria, para que, trilhando o caminho das virtudes, possamos agradar-lhes em tudo e contribuir para a construção de seu Reino neste mundo. Amém.

História

"Pelos frutos conhecereis a árvore", disse Jesus no Evangelho (cf. Mt 7,20). Conhecemos o fruto do amor de Ana e

Joaquim, que foi a Virgem Imaculada, santificada desde o primeiro momento de sua concepção no seio materno. Os avós de Jesus são mencionados no protoevangelho de Tiago,[1] escrito no século II. Ana era filha de Mathan, um sacerdote que vivia em Belém e tinha mais duas filhas: Sobe, que foi a mãe de santa Isabel e avó de são João Batista, e Maria, que foi a mãe de Maria Salomé.

Reflexão

"Pelos seus frutos os conhecereis [...] toda árvore boa produz frutos bons, e toda árvore má produz frutos maus. Uma árvore boa não pode dar frutos maus [...]" (Mt 7, 16-18). Pela santidade da filha, que

---

1 É um escrito apócrifo, isto é, não reconhecido pela Igreja como autêntico, por isso não faz parte da Bíblia. Contudo, pertence a uma tradição piedosa.

foi Maria Santíssima, podemos imaginar como seus pais eram virtuosos e íntegros. Tão bons, que mereceram de Deus a graça e o privilégio de gerar a Mãe do Salvador. Os filhos sempre retratam as qualidades de seus genitores.

Reflexões pessoais

Oração final

Sant'Ana e São Joaquim, o Senhor vos escolheu para pais de Maria, a Mãe de Jesus. Rogai a Deus pelas famílias. Que elas sejam uma comunidade de vida e de amor, na qual cada pessoa participe integralmente da vida cristã. Que os pais sejam os mestres da fé para seus filhos. Que os filhos sejam dóceis ouvintes da Palavra de Deus e cumpridores de sua Lei. *(Pede-se aqui a graça desejada.)* Amém.

Pai-Nosso, Ave-Maria e Glória-ao-Pai...

TERCEIRO DIA

Esposa de São Joaquim

Em nome do Pai, do Filho e do Espírito Santo. Amém.

Oração

Ó gloriosa Sant'Ana, mãe da Mãe de Jesus, nós vos louvamos e pedimos que nos alcanceis um grande amor por Jesus e por Maria, para que, trilhando o caminho das virtudes, possamos agradar-lhes em tudo e contribuir para a construção de seu Reino neste mundo. Amém.

História

Ana casou-se com Joaquim, homem rico de Nazaré e dono de numerosos rebanhos. Joaquim é um nome bíblico e significa "o homem que Jeová confirma".

Passaram-se os anos e não tiveram filhos, por isso eram discriminados publicamente, o que lhes causava grande desgosto. Porém, tementes a Deus como eram, não perdiam a esperança e entregavam-se confiantes à vontade de Jeová, que certamente ouviria de bom grado suas incessantes preces. E o milagre aconteceu.

Reflexão

"[...] pedi e vos será dado; procurai e encontrareis; batei e a porta vos será aberta" (Lc 11,9). "Pedi e recebereis, para que a vossa alegria seja completa" (Jo 16,24). Nossa oração é sempre ouvida por Deus, mesmo que não sejamos logo atendidos. Devemos ter confiança absoluta de que ele sabe o que é melhor para nós e sabe também a melhor hora de nos atender com sua graça. Ele é um Pai que nunca abandona nem esquece seus filhos.

Reflexões pessoais

Oração final

Bendito sejais, ó Jesus Filho de Deus e Filho da Virgem Maria, que escolhestes vossa Mãe do matrimônio de Ana e Joaquim. Por intercessão de Sant'Ana, concedei a todos os esposos que vivam cristãmente seu matrimônio, conforme os preceitos e os desígnios amorosos de Deus. *(Pede-se aqui a graça desejada.)* Amém.

Pai-Nosso, Ave-Maria e Glória-ao-Pai...

QUARTO DIA

Nascimento de Maria Santíssima

Em nome do Pai, do Filho e do Espírito Santo. Amém.

Oração

Ó gloriosa Sant'Ana, mãe da Mãe de Jesus, nós vos louvamos e pedimos que nos alcanceis um grande amor por Jesus e por Maria, para que, trilhando o caminho das virtudes, possamos agradar-lhes em tudo e contribuir para a construção de seu Reino neste mundo. Amém.

História

Joaquim retirou-se para orar no deserto, onde permaneceu por quarenta dias. Deus atendeu aos apelos de seus servos e enviou um anjo a Joaquim e a Ana, dizendo que teriam um filho que seria grande e famoso em Israel. Ana e Joaquim acreditaram na palavra do anjo, com humildade e gratidão. Ao voltar do deserto, Joaquim encontrou Ana à porta de ouro de Jerusalém, esperando-o para lhe dar a alegre notícia. Ana e Joaquim exultaram de júbilo, como predissera Isaías, sentindo-se visitados e abençoados por Deus. E Maria Santíssima, a Mãe de Jesus, nasceu imaculada e santa para alegria do céu e da terra.

Reflexão

"Canta, ó estéril, tu que não mais dás à luz! Explode de alegria e dá vivas [...] Pois os filhos da mulher abandonada são mais numerosos [...]" (Isaías 54,1). Joaquim e Ana exultam de alegria com o nascimento de sua filha, pois sabem que uma grande graça marca este acontecimento. Graça que alcançaram por suas preces, humildade e confiança em Deus.

Reflexões pessoais

Oração final

Pelo nascimento da bem-aventurada Virgem Maria, que foi o princípio da nossa Salvação, concedei, Senhor, aos vossos servos, por intercessão de Sant'Ana e de São Joaquim, o dom da perseverança no bem e fidelidade à vossa santa aliança. *(Pede-se aqui a graça desejada.)* Amém.

Pai-Nosso, Ave-Maria e Glória-ao-Pai...

QUINTO DIA

Apresentação de Maria ao Templo

Em nome do Pai, do Filho e do Espírito Santo. Amém.

Oração

Ó gloriosa Sant'Ana, mãe da Mãe de Jesus, nós vos louvamos e pedimos que nos alcanceis um grande amor por Jesus e por Maria, para que, trilhando o caminho das virtudes, possamos agradar-lhes em tudo e contribuir para a construção de seu Reino neste mundo. Amém.

História

Ana e Joaquim haviam feito uma promessa: a filha nascida miraculosamente seria consagrada ao Senhor. Por isso, quando Maria completou três anos, foi levada ao Templo para viver entre as jovens consagradas ao serviço de Deus. Diz a tradição que ela subiu com alegria os degraus que a levavam à casa do Senhor. E ali viveu durante nove anos, dedicada à oração e à ajuda aos necessitados. Ao completar 12 anos, foi encaminhada para o casamento. O escolhido para seu esposo foi José, o carpinteiro de Nazaré, homem justo que honraria sua missão de pai adotivo do Filho de Deus nascido de Maria.

Reflexão

"Bendita és tu entre as mulheres e bendito é o fruto do teu ventre" (Lc 1,42). As palavras de Santa Isabel dirigidas a Maria podem ser aplicadas também a Sant'Ana, pois ela mereceu conceber e gerar um fruto precioso, Maria, que por sua docilidade e humildade foi escolhida para ser a Mãe gloriosa do Salvador da humanidade.

Reflexões pessoais

Oração final

Ó Deus, que plenificastes Sant'Ana com vossa graça e predileções, concedei-nos, por vossa intercessão, a abundância de sabedoria e misericórdia, para que possamos vos servir cada dia com mais fervor. *(Pede-se aqui a graça desejada.)* Amém.

Pai-Nosso, Ave-Maria e Glória-ao-Pai...

SEXTO DIA

Protetora das mães

Em nome do Pai, do Filho e do Espírito Santo. Amém.

Oração

Ó gloriosa Sant'Ana, mãe da Mãe de Jesus, nós vos louvamos e pedimos que nos alcanceis um grande amor por Jesus e por Maria, para que, trilhando o caminho das virtudes, possamos agradar-lhes em tudo e contribuir para a construção de seu Reino neste mundo. Amém.

História

Sant'Ana é invocada como protetora especial das mães, pois ela foi a mais santa e a maior das mães depois de Maria Santíssima. As mães cristãs a invocam com confiança e colocam sob sua proteção os filhos, mesmo antes de nascerem. Em alguns lugares, há o piedoso costume da bênção das velas de Sant'Ana, que são acesas na hora do parto. Sant'Ana é protetora de maneira especial das mulheres estéreis que querem filhos e também daquelas que preveem alguma dificuldade para o próprio parto. Ela, que viveu a experiência de uma maternidade difícil, certamente ajudará a todas que a invocarem com fé.

Reflexão

"O Poderoso fez para mim coisas grandiosas. O seu nome é santo, e sua misericórdia se estende de geração em geração" (Lc 1,49-50). Como para Maria Santíssima, Deus operou maravilhas na vida de Sant'Ana, especialmente fazendo-a gerar a Mãe do Salvador. Pela intercessão de Sant'Ana, Deus concede às mulheres estéreis ou com dificuldades no parto sua bênção e proteção necessária. Invoquemos a assistência de Sant'Ana sobre as parturientes para que elas sejam felizes ao darem à luz.

Reflexões pessoais

Oração final

Senhor Jesus Cristo, abençoai, por intermédio de Sant'Ana, as velas que ajudarão as mães na hora do parto, para que sua chama ilumine e defenda as parturientes dos perigos e de todos os males. *(Pede-se aqui a graça desejada.)* Amém.

Pai-Nosso, Ave-Maria e Glória-ao-Pai...

SÉTIMO DIA

A morte de São Joaquim e a de Sant'Ana

Em nome do Pai, do Filho e do Espírito Santo. Amém.

Oração

Ó gloriosa Sant'Ana, mãe da Mãe de Jesus, nós vos louvamos e pedimos que nos alcanceis um grande amor por Jesus e por Maria, para que, trilhando o caminho das virtudes, possamos agradar-lhes em tudo e contribuir para a construção de seu Reino neste mundo. Amém.

História

Segundo as tradições, Joaquim e Ana, após a entrega de Maria no Templo, deixaram Nazaré e foram residir em Jerusalém. Enquanto Maria levava, na casa de Deus, uma vida santa, eles também progrediam cada dia no amor ao Senhor e na prática das virtudes. Joaquim, conforme se conta, faleceu antes de Ana. Ela, no entanto, passou a viuvez na oração e no recolhimento, vendo sua filha crescer no Templo repleta de graça e de sabedoria. Muitas vezes ambas liam e interpretavam as Sagradas Escrituras para o cumprimento da lei e meditação cotidiana. Antes que Maria saísse do Templo para se casar, Ana, com idade avançada, faleceu e foi sepultada em Jerusalém, ao lado de seu esposo.

Reflexão

"Alegrem-se teu pai e tua mãe, regozije-se aquela que te gerou" (Pr 23,25). Os filhos são sempre a alegria dos pais, embora às vezes causem preocupações. Os filhos dedicados, atenciosos e fiéis alegram o coração dos pais, especialmente na velhice, que é a fase em que eles mais precisam de cuidados e atenção. Sejamos como Maria, a alegria e o orgulho de nossos pais.

Reflexões pessoais

Oração final

Ó vós que sois bendita entre todas as mães, gloriosa sant'Ana, uno-me a Maria, vossa filha, para vos venerar e entregar-me confiante à vossa proteção. A vós consagro toda a minha vida para que seja cada dia mais santa e digna do paraíso. *(Pede-se aqui a graça desejada.)* Amém.

Pai-Nosso, Ave-Maria e Glória-ao-Pai...

OITAVO DIA

Culto de Sant'Ana

Em nome do Pai, do Filho e do Espírito Santo. Amém.

Oração

Ó gloriosa Sant'Ana, mãe da Mãe de Jesus, nós vos louvamos e pedimos que nos alcanceis um grande amor por Jesus e por Maria, para que, trilhando o caminho das virtudes, possamos agradar-lhes em tudo e contribuir para a construção de seu Reino neste mundo. Amém.

História

O culto de Sant'Ana e de São Joaquim é tão antigo no Oriente quanto o culto mariano. No Ocidente só surgiu em 1584, quando foram instituídas as festas litúrgicas de Sant'Ana (25 de julho) e são Joaquim (20 de junho). Mais tarde, com o novo calendário litúrgico, passaram a ser venerados juntos no mesmo dia, 26 de julho, quando se comemora também o Dia dos Avós. O culto de Sant'Ana está presente no mundo inteiro, em inúmeras igrejas a ela consagradas. Os artistas de todos os tempos também a cultuaram em belíssimas pinturas e esculturas.

Reflexão

"Todas as gerações, de agora em diante, me chamarão feliz, porque o Poderoso fez para mim coisas grandiosas" (Lc 1, 48-49). Estas palavras de Maria Santíssima podem ser aplicadas também à sua mãe. Com efeito, desde os tempos mais antigos e em todas as partes do mundo, encontramos a devoção a Sant'Ana. Poucas pessoas ignoram a existência e a vida de sant'Ana, pois entre ela e Nossa Senhora há uma ligação muito forte: mãe e filha. Procuremos também divulgar a história e a santidade de Sant'Ana.

Reflexões pessoais

Oração final

Nós vos exaltamos, ó Deus, festejando Sant'Ana e São Joaquim e lembrando a escolha que fizestes de um povo com o qual estabelecestes estreita aliança. E quando veio a plenitude dos tempos, destes aos cônjuges São Joaquim e Sant'Ana uma filha santa, a Virgem Maria, que, por vossa graça, seria a Mãe do Salvador da humanidade. *(Pede-se aqui a graça desejada.)* Amém.

Pai-Nosso, Ave-Maria e Glória-ao-Pai...

NONO DIA

Culto no Brasil

Em nome do Pai, do Filho e do Espírito Santo. Amém.

Oração

Ó gloriosa Sant'Ana, mãe da Mãe de Jesus, nós vos louvamos e pedimos que nos alcanceis um grande amor por Jesus e por Maria, para que, trilhando o caminho das virtudes, possamos agradar-lhes em tudo e contribuir para a construção de seu Reino neste mundo. Amém.

História

O culto e a imagem de Sant'Ana foram trazidos para o Brasil pelos colonos italianos. São uma centena, entre catedrais, igrejas e capelas, por todo o Brasil, que levam o título de Sant'Ana e a têm como padroeira. Por exemplo, a cidade de São Paulo tem Sant'Ana como padroeira desde o século XVIII, dedicando-lhe um lindo altar na Catedral da Sé. Também na região episcopal, no norte da cidade, no bairro de Santana, a mãe de Maria é venerada como patrona especial.

Reflexão

"[...] bendizei o Deus do universo que faz maravilhas em toda a terra, exaltando nossos dias desde o ventre de nossas mães e agindo conosco segundo a sua misericórdia" (Eclo 50, 24). A bênção e a misericórdia de Deus se derramam sobre nossa pátria, onde um povo devoto e fiel o invoca por meio de seus santos e santas. Os santos e santas são nossos intercessores junto a Deus e é por intermédio deles que alcançamos do Senhor as graças pedidas. Invoquemos com fervor

Sant'Ana, a mãe da Virgem Santíssima e avó de Jesus.

Reflexões pessoais

Oração final

Deus, Pai de bondade, que elevastes às alegrias da vida celeste a gloriosa Sant'Ana, mãe da Mãe de Jesus, concedei-nos, pela vossa misericórdia e intercessão de Sant'Ana, chegarmos à eterna bem-aventurança prometida aos que vos são fiéis nesta vida. *(Pede-se aqui a graça desejada.)* Amém.

Pai-Nosso, Ave-Maria e Glória-ao-Pai...

Invocações a Sant'Ana

Sant'Ana, rogai por nós.
Sant'Ana, avó de Jesus Cristo,
Sant'Ana, esposa de São Joaquim,
Sant'Ana, sogra de São José,
Sant'Ana, arca da salvação,
Sant'Ana, arca da Aliança do Senhor,
Sant'Ana, montanha de Horeb,
Sant'Ana, raiz de Jessé,
Sant'Ana, árvore fecunda,
Sant'Ana, vinha frutífera,
Sant'Ana, descendente de reis,
Sant'Ana, alegria dos anjos,
Sant'Ana, filha dos patriarcas,
Sant'Ana, oráculo dos profetas,
Sant'Ana, glória dos santos,
Sant'Ana, glória dos sacerdotes e levitas,
Sant'Ana, nuvem de celeste orvalho,
Sant'Ana, de esplendente alvura,
Sant'Ana, vaso cheio de graça,

Sant'Ana, modelo de obediência,
Sant'Ana, modelo de misericórdia,
Sant'Ana, riqueza da Igreja,
Sant'Ana, refúgio dos pecadores,
Sant'Ana, auxílio dos cristãos,
Sant'Ana, libertação dos cativos,
Sant'Ana, consolo das esposas,
Sant'Ana, mãe das viúvas,
Sant'Ana, mestra das virgens,
Sant'Ana, porto dos navegantes,
Sant'Ana, guia dos viajantes,
Sant'Ana, saúde dos enfermos,
Sant'Ana, mãe da Mãe de Deus,
Sant'Ana, luz dos cegos,
Sant'Ana, língua dos mudos,
Sant'Ana, ouvido dos surdos,
Sant'Ana, consolação dos aflitos,
Sant'Ana, socorro de todos os que vos invocam,
Sant'Ana, rogai por nós. [2]

---

[2] Esta e outras orações a Sant'Ana foram aprovadas pelo Papa Clemente VIII, no século XVI.

Canto
Hino de Sant'Ana[3]

Da Mãe de Deus progenitora,
dignai-vos ouvir nossa voz
mostrando-vos a protetora
de um povo que se consagra a vós.
Sant'Ana em que suave alegria
desperta a festa o nosso folgar.
Por vós iremos a Maria
Para, por ela, a Jesus chegar. (Bis)
Junto a Maria Imaculada,
a padroeira potente sois,
mais pode a alma degredada
à confiança voltar-se, pois.
Sant'Ana em que suave alegria
desperta a festa o nosso folgar.
Por vós iremos a Maria
Para, por ela, a Jesus chegar. (Bis)

---

[3] Hino cedido gentilmente pela Paróquia de Sant'Ana, situada à rua Voluntários da Pátria, n. 2.060, São Paulo, SP. Tel.: (11) 2281-9085.

NOSSAS DEVOÇÕES
(Origem das novenas)

De onde vem a prática católica das novenas? Entre outras, po-demos dar duas respostas: uma histórica, outra alegórica.

Historicamente, na Bíblia, no início do livro dos Atos dos Apóstolos, lê-se que, passados quarenta dias de sua morte na Cruz e de sua ressurreição, Jesus subiu aos céus, prometendo aos discípulos que enviaria o Espírito Santo, que lhes foi comunicado no dia de Pentecostes.

Entre a ascensão de Jesus ao céu e a descida do Espírito Santo, passaram-se nove dias. A comunidade cristã ficou reunida em torno de Maria, de algumas mulheres e dos apóstolos. Foi a primeira novena cristã. Hoje, ainda a repetimos todos os anos, orando, de modo especial, pela unidade dos cristãos. É o padrão de todas as outras novenas.

A novena é uma série de nove dias seguidos em que louvamos a Deus por suas maravilhas, em particular, pelos santos, por cuja intercessão nos são distribuídos tantos dons.

Alegoricamente, a novena é antes de tudo um ato de louvor ao Pai, ao Filho e ao Espírito Santo, Deus três vezes Santo. Três é número perfeito. Três vezes três, nove. A novena é louvor perfeito à Trindade. A prática de nove dias de oração, louvor e súplica confirma de maneira extraordinária nossa fé em Deus que nos salva, por intermédio de Jesus, de Maria e dos santos.

O Concílio Vaticano II afirma: "Assim como a comunhão cristã entre os que caminham na terra nos aproxima mais de Cristo, também o convívio com os santos nos une a Cristo, fonte e cabeça de que provêm todas as graças e a própria vida do povo de Deus" (*Lumen Gentium*, 50).

Nossas Devoções procura alimentar o convívio com Jesus, Maria e os santos, para nos tornarmos cada dia mais próximos de Cristo, que nos enriquece com os dons do Espírito e com todas as graças de que necessitamos.

Francisco Catão

Coleção Nossas Devoções

- *A Senhora da Piedade*. Setenário das dores de Maria – Aparecida Matilde Alves
- *Albertina Berkenbrock*. Novena e biografia – Sérgio Jeremias de Souza
- *Divino Espírito Santo*. Novena para a contemplação de dons e frutos – Mons. Natalício José Weschenfelder e Valdecir Bressani
- *Dulce dos Pobres*. Novena e biografia – Marina Mendonça
- *Frei Galvão*. Novena e história – Pe. Paulo Saraiva
- *Imaculada Conceição*. Novena ecumênica – Francisco Catão
- *Jesus, Senhor da vida*. Dezoito orações de cura – Francisco Catão
- *João Paulo II*. Novena, história e orações – Aparecida Matilde Alves
- *João XXIII*. Biografia e novena – Marina Mendonça
- *Maria, Mãe de Jesus e Mãe da humanidade*. Novena e coroação de Nossa Senhora – Aparecida Matilde Alves
- *Menino Jesus de Praga*. História e novena – Giovanni Marques
- *Nhá Chica*. Novena, história e orações – Aparecida Matilde Alves
- *Nossa Senhora Achiropita*. Novena e biografia – Antonio S. Bogaz e Rodinei Thomazella
- *Nossa Senhora Aparecida*. História e novena – Maria Belém
- *Nossa Senhora da Cabeça*. História e novena – Mario Basacchi
- *Nossa Senhora da Luz*. Novena e história – Maria Belém
- *Nossa Senhora da Penha*. Novena e história – Maria Belém
- *Nossa Senhora da Salete*. História e novena – Aparecida Matilde Alves
- *Nossa Senhora das Graças ou Medalha Milagrosa*. Novena e origem da devoção – Mario Basacchi
- *Nossa Senhora de Caravaggio*. História e novena – Pe. Volmir Comparin e Pe. Leomar Antônio Brustolin
- *Nossa Senhora de Fátima*. Novena e história das aparições aos três pastorzinhos – Mons. Natalício José Weschenfelder
- *Nossa Senhora de Guadalupe*. Novena e história das aparições a São Juan Diego – Maria Belém
- *Nossa Senhora de Lourdes*. História e novena – Mons. Natalício José Weschenfelder
- *Nossa Senhora de Nazaré*. Novena e história – Maria Belém

- *Nossa Senhora Desatadora dos Nós.* História e novena – Frei Zeca
- *Nossa Senhora do Bom Parto.* Novena e reflexões bíblicas – Mario Basacchi
- *Nossa Senhora do Carmo.* Novena e história – Maria Belém
- *Nossa Senhora do Desterro.* História e novena – Celina H. Weschenfelder
- *Nossa Senhora do Perpétuo Socorro.* História e novena – Mario Basacchi
- *Nossa Senhora Rainha da Paz.* História e novena – Celina Helena Weschenfelder
- *Novena à Divina Misericórdia.* Santa Maria Faustina Kowaslka, história e orações – Tarcila Tommasi
- *Novena do Bom Jesus* – Francisco Catão
- *Ofício da Imaculada Conceição.* Orações, hinos e reflexões – Cristóvão Dworak
- *Orações do cristão.* Preces diárias – Celina H. Weschenfelder (org.)
- *Padre Pio.* Novena e história – Maria Belém
- *Paulo, homem de Deus.* Novena de São Paulo, Apóstolo – Francisco Catão
- *Reunidos pela força do Espírito Santo.* Novena de Pentecostes – Tarcila Tommasi
- *Rosário por uma transformação espiritual e psicológica* – Gustavo E. Jamut
- *Rosário dos enfermos* – Aparecida Matilde Alves, fsp
- *Sagrada face.* História, novena e devocionário – Giovanni Marques
- *Sagrada Família.* Novena – Pe. Paulo Saraiva
- *Sant'Ana.* Novena e história – Maria Belém
- *Santa Cecília.* Novena e história – Frei Zeca
- *Santa Edwiges.* Novena e biografia – J. Alves
- *Santa Filomena.* História e novena – Mario Basacchi
- *Santa Joana d'Arc.* Novena e biografia – Francisco de Castro
- *Santa Luzia.* Novena e biografia – J. Alves
- *Santa Paulina.* Novena e biografia – J. Alves
- *Santa Rita de Cássia.* Novena e biografia – J. Alves

- *Santa Teresinha do Menino Jesus*. Novena e biografia – Mario Basacchi
- *Santo Afonso de Ligório*. Novena e biografia – Mario Basacchi
- *Santo Antônio*. Novena, trezena e responsório – Mario Basacchi
- *Santo Expedito*. Novena e dados biográficos – Francisco Catão
- *São Benedito*. Novena e biografia – J. Alves
- *São Bento*. História e novena – Francisco Catão
- *São Cosme e São Damião*. Biografia e novena – Mario Basacchi
- *São Cristóvão*. História e novena – Pe. Mário José Neto
- *São Francisco de Assis*. Novena e biografia – Mario Basacchi
- *São Geraldo Majela*. Novena e biografia – J. Alves
- *São Guido Maria Conforti*. Novena e biografia – Gabriel Guarnieri
- *São José*. História e novena – Aparecida Matilde Alves
- *São Judas Tadeu*. História e novena – Maria Belém
- *São Marcelino Champagnat*. Novena e biografia – Ir. Egídio Luiz Setti
- *São Miguel Arcanjo*. Novena – Francisco Catão
- *São Pedro, Apóstolo*. Novena e biografia – Maria Belém
- *São Sebastião*. Novena e biografia – Mario Basacchi
- *São Tarcísio*. Novena e biografia – Frei Zeca
- *São Vito, mártir*. História e novena – Mario Basacchi
- *Tiago Alberione*. Novena e biografia – Maria Belém